Tá an Fathach ag Teacht!

Paul Shipton
Maisithe ag Sholto Walker

Caibidil 1

Maidin Luain a bhí ann. Bhí na páistí ar fad ar scoil. Ní raibh Micheál ag éisteacht. Bhí sé ag féachaint amach an fhuinneog.

Go tobann, chuala Micheál torann. 'Rithigí! Téigí i bhfolach!' a scread fear éigin.

D'fhéach na páistí ar fad amach. Bhí daoine ag rith ar fud na háite. Bhí eagla orthu.

Rith bean isteach sa scoil.

'Rithigí!' a dúirt sí. 'Téigí i bhfolach! Tá fathach ar an mbaile! Íosfaidh sé muid! Leagfaidh sé ár dtithe!'

'Ná bí amaideach!' arsa an múinteoir.

Ansin chuala siad torann uafásach. Fathach mór a bhí ann.

Bhí sé chomh hard le crann, é ag siúl go trom thar an scoil. Chroith sé a cheann agus bhéic sé.

Rachaimid i bhfolach sa halla,' arsa an múinteoir. 'Isteach libh i líne sa chlós.'

Bhí a lán lán daoine sa chlós. Ní raibh Micheál in ann an múinteoir a fheiceáil.

Bhí eagla ar Mhicheál, ach bhí sé ag iarraidh an fathach a fheiceáil. Shiúil sé síos an bóthar. Chonaic sé an fathach i lár an bhaile.

Bhí a lán daoine i lár an bhaile. Bhí an fathach ina shuí ar an bhféar i lár an bhaile. Bhí sé ag béiceadh in ard a ghutha.

Bhí eagla ar mhuintir an bhaile agus bhí fearg orthu freisin.

'Cé hé an fathach seo?' arsa fear amháin. 'Caithfidh sé imeacht!' arsa bean eile.

Bhí smaoineamh ag na fir. Rug siad ar chrann bainte.

'Aon, dó, trí … ar aghaidh linn!'

Rith na fir. Lig an fathach béic uafásach as. Bhéic sé agus bhéic sé arís. Leag an bhéic na fir go léir.

'B'fhéidir gur ocras atá air,' arsa an báicéir.
Líon sí ciseán le harán agus cácaí.
Thug triúr fear an ciseán don fhathach.
Rith siad uaidh ar nós na gaoithe.

Thóg an fathach cáca agus thosaigh sé á ithe. Ach ansin thosaigh sé ag béiceadh arís. 'Cén fáth a bhfuil sé ag béiceadh?' arsa an báicéir go feargach. 'Cácaí deasa ab ea iad!'

'B'fhéidir gur fuacht atá air' arsa seanfhear. Las siad tine dó.

'Beidh sé breá te anois,' arsa an seanfhear.

Caibidil 2

Thosaigh an fathach ag béiceadh arís. Bhéic sé agus bhéic sé arís go dtí gur mhúch sé an tine.

'Cad atá cearr leis anois?' arsa gach duine.

'Cad a dhéanfaimid?'

Bhí smaoineamh ag Michcál. Phioc sé suas bata agus rith sé leis.

'Tar ar ais!' arsa duine éigin.

'Stop é!' a bhéic Bean Uí Mhurchú.

Bhí sé ródhéanach. Bhí Mícheál in aice leis an bhfathach. Bhí an bata fós ina lámh aige. Tharraing sé pictiúr ar an talamh.

D'fhéach an fathach air.

Thaispeáin Micheál an pictiúr don fhathach.
Ansin dhírigh sé méar air féin.
'Is mise Micheál' ar seisean os ard.
Chrom an fathach a cheann. Thuig sé.

Ansin, tharraing Micheál pictiúr níos mó ar an talamh. Pictiúr den fhathach a bhí ann. Dhírigh sé a mhéar ar an bpictiúr agus ansin ar an bhfathach. Faoi dheireadh labhair an fathach:

'BLOG,' ar seisean. Rinne Micheál gáire.

Bhí áthas air. Thuig sé. Blog ab ainm don fhathach!

Go tobann, phioc an fathach suas an crann bainte. Tharraing sé pictiúr d'fhathach. Fathach ollmhór a bhí ann. Thaispeáin sé an pictiúr go brónach do gach duine. Ansin thosaigh sé ag béiceadh arís.

Thuig Micheál ansin. Bhí a fhios aige cén fáth a raibh an fathach ag béiceadh.

'Tá a fhios agam!' arsa Micheál le gach duine. 'Ní fearg atá air – ar strae atá sé!'

'Cad a dhéanfaimid?' arsa duine éigin.

'Caithfimid é a chur ag béiceadh in ard a ghutha,' arsa Micheál. 'B'fhéidir go gcloisfidh fathach eile é.'

'Conas a dhéanfaimid é sin?' arsa fear eile.

Sheas Micheál in aice leis an bhfathach. Bhéic sé in ard a ghutha arís agus arís eile.

Ansin thosaigh an fathach ag béiceadh. Lig sé béic chomh mór as gur imigh hataí na ndaoine leis an ngaoth!

Lig sé béic níos mó arís as agus shéid sé na duilleoga de na crainn!

Lig sé béic ollmhór ansin as agus shéid sé na cuirtíní trí na fuinneoga!

Go tobann, chuala siad torann ollmhór. Chroith an talamh. Ansin chuala siad torann ollmhór eile.

Bhí rud éigin ag teacht agus ba rud mór é. D'éirigh an baile dorcha. D'fhéach gach duine in airde.

Bhí fathach ollmhór ag siúl isteach sa sráidbhaile. Bhí sé an-chúramach. Níor sheas sé ar aon teach lena chosa ollmhóra.

D'fhéach an fathach 'beag' in airde agus thosaigh sé ag gáire. Thóg an fathach ollmhór in airde é d'aon lámh ollmhór amháin.

Chrom an fathach ollmhór síos agus thosaigh sé ag tarraingt. Tharraing sé meangadh gáire ar an bpictiúr den fhathach mór.

Thuig Micheál. Bhí an fathach ollmhór ar ais lena pháiste.

D'imigh na fathaigh.
Bhí gach duine an-sásta …
nuair a stop an talamh
ag crith!